edition exil

für meine großeltern

eure stimmen eure sprachen
lorena pircher

lyrik

edition   exil

lorena pircher: eure stimmen eure sprachen
lyrik, edition exil, wien 2024
isbn: 978-3-901899-96-6

lektorat: christa stippinger
layout und grafische gestaltung: sebastian menschhorn
korrektorat: eva auterieth

ein projekt des vereins exil im amerlinghaus
in kooperation mit dem verein kulturzentrum spittelberg

Bundesministerium
Kunst, Kultur,
öffentlicher Dienst und Sport

Stadt
Wien | Kultur

Kultur
Zentrum
Stadtteilarbeit
Amerlinghaus

inhalt

I

herkunft

holz

lege äste in den weidenkorb den du getragen auf dem
rücken sehe den gelben stoff weizenkörnerfarben habe
dein tuch nicht gefunden in deinen sachen die mehr als
zwei schachteln nicht waren
ich hätte es lernen sollen garn auf garn schilfhalmfarben
das tuch wie deine hände die zöpfe der kinder an
festtagen geflochten ich hätte es lernen sollen um zu
spüren den geruch von nassem leinen zum trocknen
gelegt nach dem regen und wie das falten von
gewebtem und das leuchten der kleider
gelb rot grün am markttag und
ich nehme die äste in die hand

haut

vor dem ofen knien sehen die holzspäne zwischen den
fingern: lösen sich fasernd vom körper die erinnerungen
holzmale auf der haut: holz an haut um deine hände
zu spüren großmutter die legten scheit für scheit und
meine angst der vergangenheit eines tages entwachsen
zu sein: falten schlagen in brennholz um einzulegen
erinnerungen: deine hände adernknotig von dir
gekommen zu dir gegangen: noch einmal vor dem winter
deine stimme großmutter in meiner: holz an haut um
bewegung zu streifen
von deinen händen gemacht: eisfarn am fenster
holzsehnen deine hand auf meiner vor dem ofen erde
gras asche wischen von waldarmen im bewusstsein
flüchtigen berührens deiner haut

eure stimmen eure sprachen

I.

schmale knöchel in holzschuhen
es waren weite wege und
sie haben in den kornkammern geschlafen: du sagst
die wege die habe ich erwandert: wollte sehen wollte
spüren wo sie standen: geruch von tannenzapfen fahl
schien die sonne auf gesenkte köpfe in diesem ort
zwischen den ländern und eure stimmen gegenläufig
eins eure sprachen großmutter eure sprachen großvater
die ich noch lernen:
wenn die bäume sich wieder häuten
und ich suchen werde: verglühte kohlen einer anderen zeit
will nichts verlieren von damals als ich noch nicht war
will nichts verlieren um zu verstehen vom verloschenen
vom verschwundenen wenn sie den winter ernten eure
stimmen eure sprachen großmutter großvater
die mir erzählen vom tod und vom leben vom schnee

II.

im meer vom berg wie von der weite von der großen
stadt im westen die ihr nur einmal gesehen eure
stimmen eure sprachen gegenläufig eins geworden
werde wissen wer ihr gewesen seid woher ihr gekommen
wohin ihr gegangen von eurer kindheit euren sprachen
zwischen ländern eure eltern vom meer zum tal von land
zu land grenzverschiebung zu grenzüberschreibung
werde wissen wie ihr geschichtet habt
sprachfragmente gekaut an klängen geraspelt an der
konsistenz der worte sprachgräte neue wirbel: werde
wissen von schmalen knöcheln in holzschuhen

III.

ein bauernhof am rande zwischen sprachen und welt
aufgewacht zwischen den leben aller die vor mir waren:
die bilder meiner kindheit als der schnee taute tropfte
vom bauernhofdach schiefer den ich langsam ertaste
meine kindheit ein tag im mai der tag er liegt so weit
zurück wie fern wie glück von den ersten beeren den
wurzeln den kochtöpfen
werde stehen wo sie gestanden erwandern erinnerungen
wenn ich den schnee atme aller die hier gewesen

IV.

hier ein baum mit einem einzigen apfel im garten an der
fensterscheibe ein käfer
erwandern der erinnerungen wenn ich den schnee atme
aller die hier gestanden vor mir vom kirchturm der die
geschichten ist
die sie uns erzählen von den heimlichen freundschaften
und den katakombenschulen von der hilflosigkeit
auf beiden seiten und von den versuchen es keine
seiten mehr werden zu lassen zu verschmelzen die
sprachen die gegenläufig eine werden die sprachen der
großmutter
des großvaters der küsten und der alpen die sprachen
die zusammengewachsen obwohl anfangs ungewohnt
ihr daran gekaut wie an fremdartigen speisen
tannenzapfengeruch und geistermuränen meine
herkunft

V.

eine fensterscheibe mit unseren initialen großmutter
großvater gemalt in pollenstaub unsere finger
ineinander verschränkt: alternd
will nichts verlieren von damals als ich noch nicht war
will nichts verlieren
um zu verstehen vom verloschenen
vom verschwundenen wenn sie den winter ernten
eure stimmen eure sprachen
großmutter großvater

schnee

als du älter viel älter warst und ich so alt wie du damals:
niemals allein in der dunkelheit: im zimmer die lampen
gebrannt und das radio spielte leise die ganze nacht ein
lied das du dir selbst geflüstert
in den nächten als du die tiere holen musstest und es
war schon dunkel hast du gesagt der winter und ich
war sieben geworden hast du gesagt: ich musste sie
alle finden die schafe die ziegen zwischen den feldern
dieses bauernhofs

blut

der abschied von den worten war rot
habe sie verloren bevor ich geboren wurde war ein
fisch im meer eine stumme nachtigall um mich herum
leuchtende membran und rot ist das vermissen wenn ich
suche um zu finden: dein leben früher die mutterzungen
bin auf der suche das meer zu trinken wie erinnerungen
und an die glutsonne denke
an jene sommer als du verloren
dein kind hast nie worte gefunden
nichts weiß ich von damals:
von zwanzig jahren leben vor dem meinen

brot

vom hunger hast du gesprochen vom sägemehl im teig
der gärt von der halben zwiebel auf dem holztisch die
vielen häute der knolle und jede durchscheinende
schicht auf die handfläche gelegt
vom hunger hast du gesprochen
ihr habt überlebt
beinahe alle

weizen

weiß auf dem holztisch die vielen körner die du geschält
vor uns ein brotlaib harte kruste
deine haut in die gegraben
achtzig jahre leben schicht um schicht in meine
deine hände: meine hände

II

suche

neujahr

I.

mein vater schenkt wein nach der großvater bittet um
mehr brot ich reiche ihm mehr brot er hebt das glas wir
alle heben das glas die tischdecke ist flaumig weich und
warm teigig sind unsere gesichter seit drei jahren jetzt
brotlaibig entzug der sonne meine mutter erinnert sich
fast nicht mehr an früher sagt sie aber wir wissen dass
es nicht stimmt an das dorf die felder die burrata die
milch die stadt verändert die sprache sie verändert sie
sie sprechen alle deutsch und meine schwester verliert
manchmal die worte wie ein unachtsames kind seine
glasmurmeln murmelschwestern ich finde sie unter
den kanten der neuen sprache die worte madrelingua
muttersprachen auch im vaterleib

II.

der vater er sagt hier sind die tage kürzer das leben
gleich wir wissen alle dass es nicht stimmt hier liegt
draußen schnee es fröstelt wir haben das meer verloren
die sonne und unsere ewigkeit die kindheit sage ich in
den sonnengeschützten gassen durch die leinenkleider
die einzigen grenzen zogen die wir kannten: transparent
durchschreitbar greifbar anpassung sagt mein vater jetzt
und schenkt wein nach
anpassung sagt er chi vó pó wir sind anpassbare tiere
denke ich zähle mir die liste der anpassungsfähigsten
lebewesen dieses planeten auf tintenfische schollen
anglerfische geistermuränen die wir gefangen haben
früher als wir mit großmutter zur see fuhren im
tyrrhenischen meer anpassungsfähigste tiere zugvögel

III.

das kalenderblatt zeigt den 15. juni der tag an dem wir
angekommen sind es wurde nie umgeblättert manche
küstenschwalben auch wenn sie losfliegen vergessen
niemals woher sie kamen versuchen immer wieder
dorthin zurückzukehren: die jahreswanderstrecke
einer alaskasteinschmätzerpopulation dreißigtausend
kilometer: mamma sagt es ist fast wie daheim und wir
wissen alle dass es nicht stimmt wir haben die piazzas
verloren die gemeinsamen abendessen die streitereien
im viertel die lauen nächte und die sorge um unsere
zukunft vor arbeitslosigkeit und sinnlosigkeit

IV.

hier gibt es immer etwas zu tun muvimm´c´ sagt
mein vater jeden morgen und erhebt sich hier kann
er nie ruhen trinkt seinen caffè nicht mehr im stehen
es überkommt ihn eine machtlosigkeit ein kurzer
phlegmatischer moment der trauer kaschiert die zeit
steht auch im gesicht des großvaters ein mauersegler
immer noch im flug schlafend essend wartend er wird
nie ankommen musste die reise ohne sie antreten
großmutter nur mehr im goldenen rahmen den er jeden
abend ans herz hält und sich mit ihr ans andere leben
erinnert vom anderen sein erzählt auch heute

V.

geruch von schafwolle und essig duft der geborgenheit
heu orecchiette geschälte tomaten einen schluck wein
und die scalda 'nduja zischt leise das fleisch köchelt
spalmare ein wort das meinen gaumen füllt: meine
augen folgen der hand meiner schwester sie liest
matilde serao nach dem essen obwohl die worte ihr wie
geröll im mund lasten einzeln gegen die zähne schlagen
fremdkörper in ihr wir kinder sprechen die madrelingua
nur mehr selten rauchschwalben pendelnd zwischen
dem was wir nicht loslassen und dem was wir noch nicht
erfassen können niemals vergessen was wir erinnern

VI.

mamma schenkt uns allen einen letzten schluck wein
ein es schlägt mitternacht papà hebt das glas wir alle
heben das glas
aùrie 'e bbuon anno wir stoßen an das
kalenderblatt zeigt immer noch den 15. juni

stein

an den fingern gezählt die tage seit dem verlassen des
alten lebens als die finger zu wenig an den nadeln der
tannen an den flusskieseln am winterstrand an ufern
an die das wasser schwappt kirchturm im stausee und
der vater der rauchend in die herbstsonne blickt die ihm
keine sonne ersetzen kann an samstagen an denen er
den großen topf auf den herd setzt die nachgereiften
tomaten geschält den duftenden knoblauch in händen
weicht die trauer über den tod der mutter und du
denkst: mensch sein dem ein kreis zwischen ankunft
und aufbruch zuhause geworden ist

wasser

mare di notte wie der schnee im april in klirrender
kälte salzwasserkrusten an kleidern zu dünn für die
arbeit auf dem feld und bergbauernhöfe in dunstigem
morgen wenn das tyrrhenische meer sich an den zwei
felsen stößt: partenope die neapel geschaffen und
im norden leuchtend blutrote berge wenn die sonne
späte strahlen wirft das wissen vom davor im danach
wenn jakobsmuscheln deren geschmack dort geblieben
unsere münder noch an worte erinnern die wir nicht
mehr kennen

fotografie

kindheit im faschismus abgelegenes tal erzähltest
du von verstecken und angst vor allem vom hunger
und vom danach ihr habt ruhig gelebt von den ziegen
von den schafen und du zu einem anderen bauernhof
dichter wald dein leben zwischen diesen feldern: diese
täler verlassen nur ein einziges mal

innenhof

ob bleiben oder gehen die gespräche am kalten morgen
vor den ställen die fragen in verschiedenen sprachen
und zurückgelassen einen baum gepflanzt für jedes
kind und den blick aus dem fenster: die bäume nicht
mehr und was ihnen geblieben das warten die angst im
hochsommer und bleiben oder gehen der blick aus dem
fenster: die tiere unter den bäumen verschwunden

schwabenkinder

die gleise entlang in der morgendämmerung bilder
die nicht deine sind: erzählte erinnerungen die durch
das ertasten von schneenasser erde sich bilden
in deinem mund rätoromanische flurnamen bäche
wiesen berühren deine haut und du erwanderst dir die
pfade entlang der gleise die sie gegangen: früher über
den reschenpass den fernpass brenner römerstraße
via raetia von grenzsteinen gesäumt eingefasst von
sprachsteinen die du schmeckst auf deiner haut wie
mückenstiche
morgendämmerung stumpf die gleise schneenasse erde
und stille:
es fahren keine züge mehr

haus

oft aus dem fenster gesehen den grünen jalousien
den holzgerahmten an denen die farben weiß gelb
absplitterten weiche fasern habe aus deinem fenster
gesehen zu sehen was du gesehen all die jahre all
die tage die felder dahinter die kirschbäume und die
kleinen roten punkte: sprenkel auf deinem tischtuch
nach dem pflücken der johannisbeeren: geplatzte
körper im gaumen süße im mund
stehe oft an deinem fenster: zu sehen den
speichelfadenregen über dem garten und die
verfärbungen des himmels: deine hand am
fensterrahmen die langsam altert sehe meine hand
denke an die gemeinsamen jahre

herbst

den baum zu fällen im garten deine kleider verblasst auf
dem dachboden von der sonne getrocknet deine teller
deine gläser zu den geranien die dort überwinterten
haarnadeln mit deinen grauweißen strähnen: haben
uns viele dinge gesagt und was eingeschrieben in den
wänden in die rinde des baumes er steht immer noch
neben einem nun fremden haus

februar

wir als dein gesicht noch nicht zwischen den tagen
zerfloss warm und faltig als deine worte wie steine fielen
schwerer regen: die gewissheit an ein ende verdrängen
was die kopfhaut jucken lässt: solange du und ich
ich halte dich in meinen armen
großmutter
jeden morgen

blass

leiser nadelfall die bäume und papierregenwinter
schläfrig an meinem fenster weiße sonne das skelett
der kiefern: von deinem tod großmutter ist mir viel
geblieben: das kalenderblatt in eurer küche die
wiegenlieder meine ersten schritte tage an denen
wir alle um den großen eichentisch weiter wald
aufgeschlagene knie und der himmel rotgefärbt

III

stimmen

ungesagtes

sprache die worte hat
für den ersten schnee eines langen winters
für den hunger nach der kälte
der erde vergessene wärme
für den durst nach der leere

zunge

due tre lingue dein körper der die worte hält zwischen
trennwänden der wieder lernen wird parole su parole
das sprechen das gehen in der anderen sprache das
atmen das warten ungeschriebenes
in den garten getragen
zwischen die knöchelchen der zugvögel letztes jahr für
immer hier geblieben sie die nicht weitergewandert
langsam wieder sehen gelernt beinahe blind durch den
wald gegangen zu finden das grün zwischen den zeilen

sturm

die wenigen worte die ich gepflanzt isolati zwischen die
vielen monate von stille genährt auf den seltenen regen
vertraut non ho più scritto niente per anni
gelegen im gras bis sie mir in den handrücken stechen
male auf meiner wange zu lange nicht geschrieben
bis er sich abgelöst von meiner haut
der geschmack des meeres
dein geruch der mir
grund zum schreiben

schrift

die suche nach den worten in den leerständen krude
roh ein krebstier ohne schale will sprache finden die
mir gehört bis zum verstummen ungeschriebenes in die
textur meiner haut die worte die nie gelebt die sprachen
von denen ich zu spät erfahren
an das ungesagte
das meinen körper nie verlassen

ihr

eure hände die genäht die rauen tücher bestickt die
kleider gelber weizen und erneut ein kleinkind das
gesicht an eurem hals ihr habt gegraben hände in
erde: geschüttet wasser in töpfe: gefühlt blut auf laken
geschnitten eure haare an den füßen leichte risse habt
die felder durchpflügt
euch zu suchen

klang

über fenster und türen wie an den tagen an denen sie
den weihrauch bringen nebel und mit weißer kreide eure
namen schreiben
jedes mal wenn sie von euch erzählen von den
zerstochenen fingern den trüben augen von der arbeit
in den fabriken und auf den höfen in den küchen in den
fluren eure namen

donne

kenne eure gesichter eure hände
was ihr gesagt: *an jenem Palisadenzaun hätten sie*
gesessen Nacht sei es gewesen
und sie erzählen eure geschichten erneut: alles begann
mit eurer ankunft
medea kassandra
euch die ihr eure leben und eure stimmen –
was ihr gesagt wer euch nicht geglaubt
eure namen eure stimmen: *Dann ist noch*
einmal die Zeit vergangen.

IV

rückkehr

küche

im blassgelben teig meine finger neben deinen halb so
lang: knöchel nicht größer als die unreifen
früchte der eberesche:
grabe meine hand tief in wärmendes mehl meine
bewegungen in deinen dich zu streifen deinen
sommersprossenarm den einzelnen weißen fleck
auf deinem handrücken: denke an diese stunden
an deine röcke voller farben die bläulichen steine in den
ringen die ich nun: und grabe tief in wärmendes mehl
hände arme deinen geruch zu finden in der stille des
nachmittags

gelebtes

am kastanienbaum unweit des dorfwegs wassergruben
wieder kind einen stock in der hand über mir trübe
flecken vom letzten schnee abgeworfene nadeln der
lärchen: orange leuchtend im weiß nester voller vögel
in hohen fichten wieder kind neben grenzsteinen
zwischen wiesen sitzen der friedhof hinter den feldern:
die wenigen menschen dort und die leben die ich nicht
mehr kenne

grün

wie ihr die kapern zum trocknen legt auf weißes tuch
wie ihr das getreide drescht den weizen mahlt von
den festtagskleidern die perlenbestickt und die tücher
handbemalt von den bohnen die du unreif ernten
wolltest weil september noch so fern von den langen
sommern mit euch wo morgen und abend ineinander
übergehen von den spinnweben zwischen den
balkonbalken und den bäumen die ihr für jedes kind:
birne kirsche marille und wieder kirsche

kalt

die müde sonne auf meiner hand:
von menschen die hier gewartet auf das blühen
der hagebutten in den falten meiner hände
verlorene sprache noch im ohr
die worte hat für das abheilen von schorf
und das bleiben von narben
die worte hat für das ende des sommers

garten

als kind die haut der birke streifen um streifen
abgezogen zu sehen was darunter rötlich weiße rinde
gefragt ob dieses häuten von vorherigem wie als du
einmal haar verloren tagelang ob dein gesicht sich nun
verändert seit du weißt:
als kind die rinde der birke um zu sehen was darunter
birkenhaut streifen um streifen abgeschält

wohnzimmer

im eichenholzschrank: eine zitrone mitgenommen von
der insel karstfelsen rau und ein blick aus dem fenster:
war meer diese zitrone vom baum vor dem haus barfuß
auf die bank gestiegen die hohen äste wie furchen in
ihrem fruchtfleisch: die kerne haben all ihre farben
behalten in tiefere schichten gesickert die bilder des
porösen gesteins darin deine finger

dotter

und als du vergessen wo der wasserhahn
wo der fenstergriff unsere augen sich getroffen du leicht
den kopf geschüttelt
hast leise gesagt ich habe vergessen wohin dieser flur
und der gang dahinter und die zimmer die gefliesten
farbige splitter an den wänden als du vergessen
wo die küche und an manchen tagen die bewegungen
deiner hände
ein ei aufgeschlagen neben einer tasse wasser
geronnenes gelb im rand deiner fingernägel

flur

persönliche bestandsaufnahme
der dunkelblaue milchkrug abgeplatztes azur über dem
teller runder untersetzer brandflecken im kork zwei
geschirrtücher gerippter stoff:
jemand der man war
in diesen dingen

nacht

augusttage: du jenes kind das am abend gewartet bis
alle schliefen um nach draußen das gesprenkelte dunkel
über den wenigen häusern zu sehen
und du jenes kind das gesammelte blätter aufbewahrte
unter kopfkissen für die weißen tage
daran erinnerst du dich in diesem anderen zuhause
und an den teich blaugrün im schatten
an die salamander auf den terrassenfliesen und daran
wie die haare abgeschnitten eines tages
alte kleidung abgelegt schwere haut und fortgegangen:
wiedergekommen: eine späte rückkehr
zu finden ein trübes gewässer

juni

frage mich welche sprache zu sprechen von den
reben der brombeersträucher deren stachel rote
striemen auf meinen armen beim sammeln der früchte
schwarzviolette fresken auf meine haut gemalt: alle
verästelungen meiner handflächen sichtbar gemacht
und welche sprache zu sprechen von den tagen ohne
anfang ohne ende und den webstühlen den spindeln
den kräutern gepresste zitronen
den regentagen wasser in meinen schuhen wie im meer
zu waten und welche die richtige sprache für jene tage

V

weite

ende

hatte das meer im ohr wenn du sprachst und
waren fische algen meine haare
mit gräten geschmückt: und deine finger
neben mir jene sommer:
schiefer das dach am see das kleine haus
letzte herbsttage:
sind der sprache abhanden gekommen
der gemeinsamen
hattest das meer in deiner stimme

zeit

hagebuttengrün die wurzeln gezogen in deinen
armen gehäuft und die jahre strähnen deiner
stimme: manchmal auf die felder geblickt wo du
noch immer wohnst im haus dahinter: diese tage
finde ich eingeschlagen in dem geruch eines offenen
kleiderschranks in meiner haut und was dir sagen den
abschied zu sehen in den furchen deiner hände

rot

ich als dein gesicht vor mir wir vergessen hatten alles
oder nichts solange du und ich es wird wiederkommen
manchmal das vermissen wenn unsere hände nicht
mehr erinnern die falten des jeweils anderen den geruch
unserer haare im herbst die farbe unserer kindheit: ein
tropfen blut in milch

stille

seit tagen schorf auf haut
lebe vom klang der du geworden vom regen
vom moos und aus dem körper
herausschreiben kiefern einzelne bäume
und dazwischen wald
werde deinen namen vergessen

rauch

wenn ich sitze im sommer obwohl dort schnee und dein
pullover an den bloßen stellen meiner haut: ich denke
ein anderer winter geblieben von dem platz und den
stufen zwischen den bergen: salz in den haaren und
deine hände eine neue weite diese stunden –
sagen dass die tage –
und dass alles ich an dir vermisste

nebel

die letzten olivenkerne gestreut im frühjahr zweige des
alten strauchs vertrocknet in deinen handflächen den
regnerischen herbst hindurch
rauch über den bäumen kruste an den händen: ernte für
einen anderen winter

fleisch

ob du sie noch spürst wenn du über deine augen fährst
die linien meiner finger und die zeit die unter der
himmelshaut steht wenn du die sprache hörst die nicht
mehr deine ist ob du dich lösen kannst
von den wintern und diesem einen sommer von den
tagen im backsteinhaus
ob du dich erinnerst an meine kleine narbe zwischen
daumen und zeigefinger wenn du deine hände
betrachtest

november

kahl der gewebte teppich leer das zimmer
dein gehen in teilen
zurückgelassen ein haar einen satz einen halben blick
drei bücher die gelbe lampe eine pflanze
aufgewacht in nächten als ich dachte
steppe zu sein graslandschaft und
grabe zwei finger in meinen oberschenkel
unter den nägeln schuppen unserer zeit

mai

wie nahe unsere hände oder ob unsere becken und
ob wir dachten wenn wir früher gesagt: einige tage
vielleicht nur
ich weiß nicht ob du gedacht hast was ich:
an den tagen danach als wir wieder
an den jeweils anderen orten
als hätten unsere körper einander gealtert als wäre
keine erinnerung möglich als an unsere fingerkuppen
abdrücke eines anderen lebens

danach

den pflanzen wasser
das licht gelöscht
das fenster geschlossen
die tür geöffnet: taschen auf dem flur

VI

reise

wald

du hast zeit langsam zu gehen
die brutgänge der borkenkäfer zu betrachten
beruhigende linien in einen alten ast geschabt
verfärbte nadelbäume einzeln gestreut
in fleckigem dunkel der tisch nicht mehr
nur ein tisch der krug etwas
anderes

berg

dass wie wunden deine abwesenheit
auf meinem körper die bilder an den markt
die felsenstadt: valle sagrado steine warm unter meinen
füßen werde zurückkehren vielleicht um das gefühl zu
finden: mich selbst
oder deinen rücken der ein fels

küste

die terracottafliesen auf der loggia
und kleine abdrücke nasser füße brennnessel wachsen
vor der tür: das meer nicht weit legst du mir die hände
auf den kopf wassertropfen an deinem kinn sehe alle
muttermale auf meinem arm sage ich kann sie schon
alleine zählen
am abend wenn nur noch blau und wind

fischmarkt

die leiber nebeneinander gelegt du fragst dich ob ihnen
die kühle des windes
und süßlicher geruch des wassers die feine
porzellantasse neben dir heißer tee in der hitze des
nachmittags und die holzkohlen gegerbtes leder
vielleicht erinnerst du dich noch
an die schuppen der tiere im sonnenlicht

erde

von den straßen voller menschen die farben ihrer
kleidung jene berge und die hänge die im abend
violett: die statuen die aus der kirche getragen einmal
im jahr und der hauptplatz auf dem die feuer brennen
die straßenstände und maíz morado eingeschlagen in
pflanzenblättern wurzeln und fleisch
das in der erde gart glut
die in der nacht die stille durchbricht

tier

und ich denke wenn ich fisch geworden
und du meereswolf:
um zu jagen an deiner seite
auf den böden stiller gewässer

b.

unter der zunge die kleine stadt
mit den bunten kirchtürmen
offene fenster voller spannleintücher
das fahrrad
das noch immer in deiner scheune steht
vielleicht bewachsen vielleicht rostbefallen
und der fluss der im februar eis trägt

weiß

ich barfuß durch die räume auf deiner fensterbank
atmende mollusken kalkschalen hast feine löcher
gebohrt gezwirbelt roten faden daraus klappernde
halsketten wie rosenkränze bunte steine die durch die
finger gleiten von dorfbewohnern auf den bänken vor
den häusern in buntgestreiften schürzen

abschied

dich gesucht an der offenen tür
den kirschkernen am boden ein hautpartikel noch
eine wimper in der tasse aus der wir getrunken
brot auf dem tisch
geschmack im mund der bleibt
als leere
die deiner haut wie einmal noch am arm
ein bisschen meer

blau

weiß noch den hügel über den vincoli den etwas
bleichen mond kalt war es damals und das meer lag
zwischen den bergen und jener nachmittag: vielleicht
schreibst du immer noch briefe an jemand anderen die
zeichnungen auf deinem handgelenk und die planeten
über uns plötzlich ganz nah weiche dämmerung: der
himmel im inneren geronnen und viele wochen später
eine leere bank wo wir gesessen gelbes gras

fasern

dort sind die bäume höher und die ebene ein körper:
die dunkelheit das zahnfleisch des himmels und die
kakteen jede so einzigartig wie ein mensch
ihre kleinen grünen auswüchse schöner als finger
dort in der wüste ist der boden unter deinen füßen
warmes haar und du vergisst die tankstellen highways
plastikkartenmenüs die autos
jede kaktee ist ein mensch sagen sie und jede pflanze
wird dir eine geschichte erzählen und du berührst die
winzigen stacheln
der flachkugeligen gewächse:
feiner als die härchen auf deinem gesicht

danksagung

meiner schwester isabel und meinen brüdern sowie all meinen freund:innen: ich danke euch von ganzem herzen fürs zuhören, für die gespräche, die unterstützung bei lesungen, das gefühl des verstandenwerdens.

ich danke johannes fragner-unterpertinger für seine literarische verbundenheit und dass er mich ermutigt hat, zu schreiben. silvia chiarini danke ich für ihre freundschaft und dass sie an mich geglaubt hat, bevor ich wusste, dass ich zwischen sprachen wandeln kann.

ich möchte mich bei christa stippinger und den wunderbaren kolleg:innen der edition exil bedanken, für den austausch, die unterstützung, die monatlichen werkstatttreffen und dafür, dass dieses projekt wirklichkeit werden durfte. ich danke all meinen schriftstellerfreund:innen für die gegenseitige hilfe, die solidarität, das gemeinsame annehmen von herausforderungen, die gemeinsame freude am kreativen schaffen.

a nello, che mi appoggia, mi accompagna e capisce quanto è importante per me la scrittura. grazie!

biografie

lorena pircher wurde 1994 in südtirol, italien, geboren. sie studierte englisch und französisch auf lehramt sowie vergleichende literaturwissenschaften in wien und besançon, frankreich. veröffentlichung von mehreren kurzgeschichten und gedichten in anthologien und literarischen zeitschriften. sie übersetzt literarische texte aus dem italienischen und französischen ins deutsche und lebt und arbeitet derzeit in wien. 2023 erhielt sie den lyrikpreis der exil-literaturpreise und ist seitdem mitglied der exil-autor*innenwerkstatt. 2024 erhielt sie das startstipendium für literatur des bm:koes.